É IMPORTANTE PRATICAR NOS TRACEJADOS SEGUINDO A DIREÇÃO DA SETA.

0 ZERO

ATIVIDADE PRÁTICA — PRATIQUE O NÚMERO ZERO CONTORNANDO O TRACEJADO.

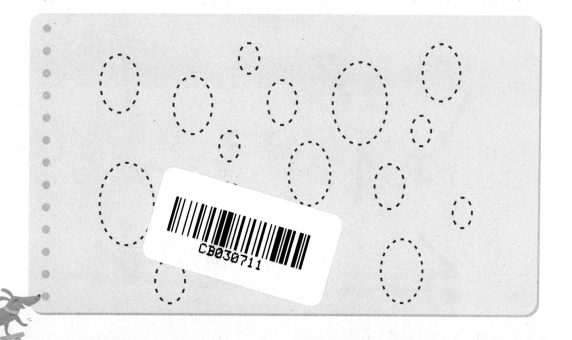

É IMPORTANTE PRATICAR NOS TRACEJADOS SEGUINDO A DIREÇÃO DAS SETAS.

1 UM

ATIVIDADE PRÁTICA

CIRCULE OS NÚMEROS QUE NÃO ESTÃO NA POSIÇÃO CORRETA.

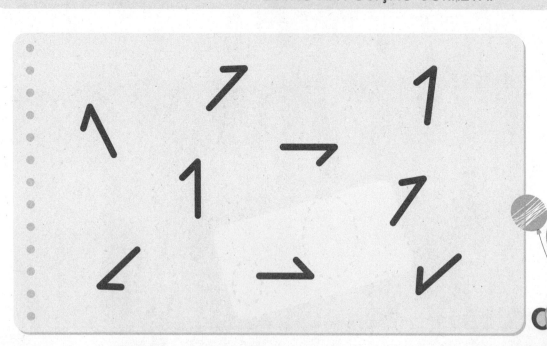

É IMPORTANTE PRATICAR NOS TRACEJADOS SEGUINDO A DIREÇÃO DAS SETAS.

ATIVIDADE PRÁTICA — CIRCULE AS DUPLAS DE ANIMAIS IGUAIS.

É IMPORTANTE PRATICAR NOS TRACEJADOS SEGUINDO A DIREÇÃO DAS SETAS.

3 TRÊS

ATIVIDADE PRÁTICA

LIGUE O NÚMERO TRÊS À QUANTIDADE CORRESPONDENTE DE ELEMENTOS.

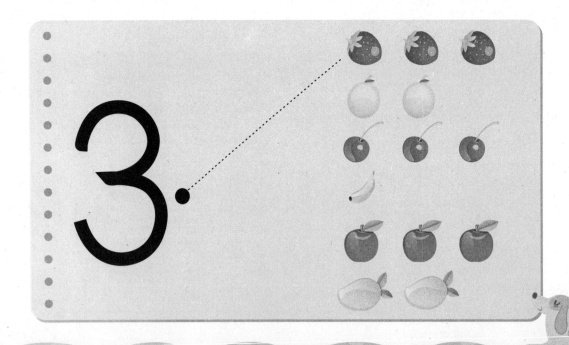

4

É IMPORTANTE PRATICAR NOS TRACEJADOS SEGUINDO A DIREÇÃO DAS SETAS.

4 QUATRO

ATIVIDADE PRÁTICA

DESENHE NO CESTO AS QUATRO FRUTAS DE QUE VOCÊ MAIS GOSTA.

É IMPORTANTE PRATICAR NOS TRACEJADOS
SEGUINDO A DIREÇÃO DAS SETAS.

5 CINCO

ATIVIDADE PRÁTICA

OBSERVE OS NUMERAIS E
TRANSCREVA-OS NA ORDEM
CORRETA NOS QUADRADOS ABAIXO.

3 1 2 5 4

É IMPORTANTE PRATICAR NOS TRACEJADOS SEGUINDO A DIREÇÃO DAS SETAS.

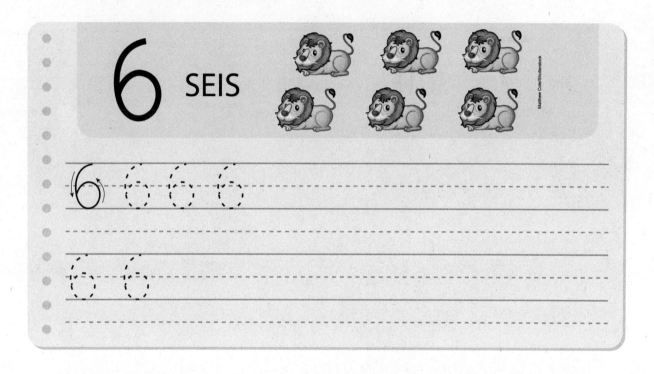

ATIVIDADE PRÁTICA

COMPLETE OS BALÕES ABAIXO COM A SEQUÊNCIA NUMÉRICA.

É IMPORTANTE PRATICAR NOS TRACEJADOS SEGUINDO A DIREÇÃO DAS SETAS.

7 SETE

ATIVIDADE PRÁTICA

ENCONTRE OS SETE ERROS NA IMAGEM DE NÚMERO 2.

1

2

É IMPORTANTE PRATICAR NOS TRACEJADOS SEGUINDO A DIREÇÃO DAS SETAS.

8 OITO

ATIVIDADE PRÁTICA

AJUDE O CARACOL A CHEGAR ATÉ SUA CONCHA, COBRINDO OS NÚMEROS OITO.

É IMPORTANTE PRATICAR NOS TRACEJADOS SEGUINDO A DIREÇÃO DAS SETAS.

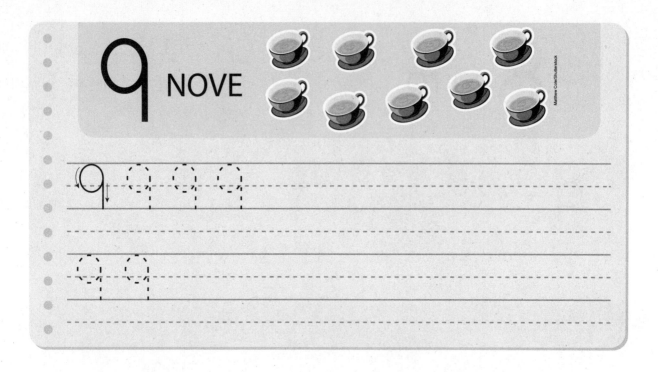

ATIVIDADE PRÁTICA

PINTE APENAS NOVE FRUTAS.

É IMPORTANTE PRATICAR NOS TRACEJADOS SEGUINDO A DIREÇÃO DAS SETAS.

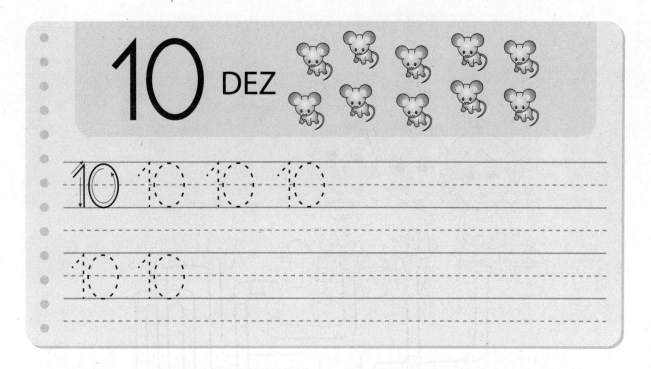

ATIVIDADE PRÁTICA

PINTE APENAS O MENINO CUJA BALANÇA MARCA DEZ QUILOS!

EXERCÍCIOS DE FIXAÇÃO

AJUDE CADA PERSONAGEM A ENCONTRAR SUA GARRAFA.

EXERCÍCIOS DE FIXAÇÃO

COMPLETE A QUANTIDADE CORRESPONDENTE DOS OBJETOS, DE ACORDO COM OS NÚMEROS.

EXERCÍCIOS DE FIXAÇÃO

SIGA A SEQUÊNCIA E LIGUE OS PONTOS. APROVEITE PARA COBRIR OS NÚMEROS.

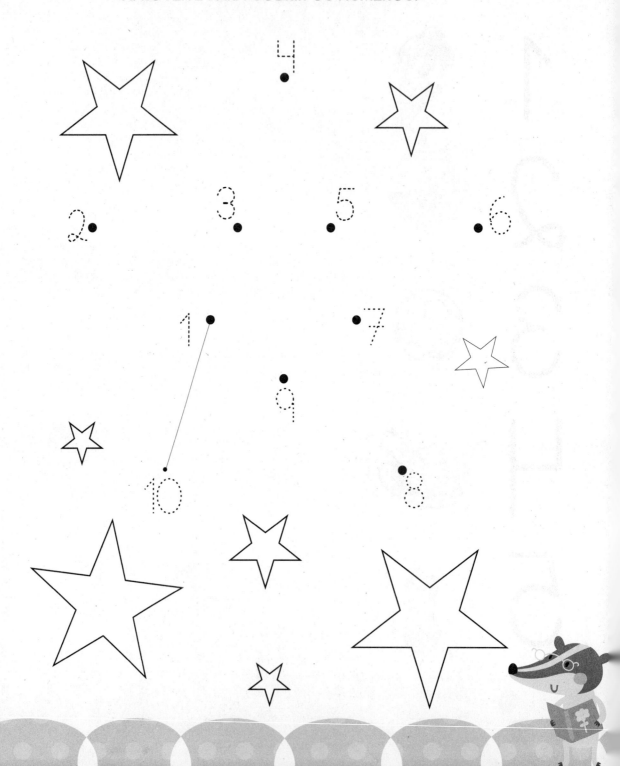

EXERCÍCIOS DE FIXAÇÃO

VAMOS SOMAR?

$+$ ... $=$ 6

$+$ ... $=$ ___

$+$ ... $=$ ___

$+$ ... $=$ ___

$+$ ... $=$ ___

$+$ ... $=$ ___

EXERCÍCIOS DE FIXAÇÃO

ENCONTRE E CIRCULE OS NÚMEROS QUE ESTÃO ESPALHADOS PELA FAZENDA.

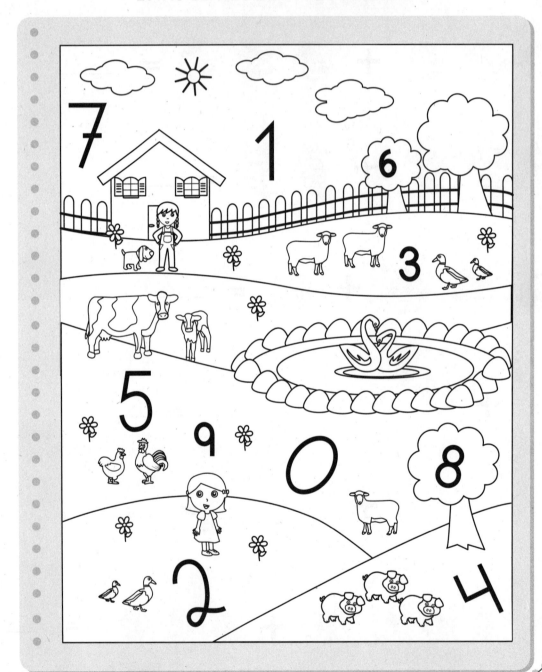